Paul Simon
The Chord Songbook

T0055170

Wise Publications
London/New York/Paris/Sydney/Copenhagen/Madrid/Tokyo

Exclusive Distributors:

Music Sales Limited
8/9 Frith Street,
London W1D 3JB, England.
Music Sales Corporation
257 Park Avenue South,
New York, NY10010,
United States of America.
Music Sales Pty Limited
120 Rothschild Avenue,
Rosebery, NSW 2018, Australia.

Order No. PS11485
ISBN 0-7119-8119-1
This book © Copyright 2000 by Wise Publications

Compiled by Nick Crispin
Music arranged by Rikky Rooksby
Music engraved by The Pitts

Cover photograph by Lynn Goldsmith

Printed in the United Kingdom by
Caligraving Limited, Thetford, Nolfolk.

Your Guarantee of Quality
As publishers, we strive to produce every book
to the highest commercial standards.
This book has been carefully designed to minimise awkward
page turns and to make playing from it a real pleasure.
Particular care has been given to specifying acid-free,
neutral-sized paper made from pulps which have not been
elemental chlorine bleached. This pulp is from farmed sustainable
forests and was produced with special regard for the environment.
Throughout, the printing and binding have been planned to
ensure a sturdy, attractive publication which should give years
of enjoyment. If your copy fails to meet our high standards,
please inform us and we will gladly replace it.

Music Sales' complete catalogue describes thousands
of titles and is available in full colour sections by subject,
direct from Music Sales Limited. Please state your areas of interest
and send a cheque/postal order for £1.50 for postage to:
Music Sales Limited, Newmarket Road,
Bury St. Edmunds, Suffolk IP33 3YB.

www.musicsales.com

Relative Tuning

The guitar can be tuned with the aid of pitch pipes or dedicated electronic guitar tuners which are available through your local music dealer. If you do not have a tuning device, you can use relative tuning. Estimate the pitch of the 6th string as near as possible to E or at least a comfortable pitch (not too high, as you might break other strings in tuning up). Then, while checking the various positions on the diagram, place a finger from your left hand on the:

5th fret of the E or 6th string and **tune the open A** (or 5th string) to the note Ⓐ

5th fret of the A or 5th string and **tune the open D** (or 4th string) to the note Ⓓ

5th fret of the D or 4th string and **tune the open G** (or 3rd string) to the note Ⓖ

4th fret of the G or 3rd string and **tune the open B** (or 2nd string) to the note Ⓑ

5th fret of the B or 2nd string and **tune the open E** (or 1st string) to the note Ⓔ

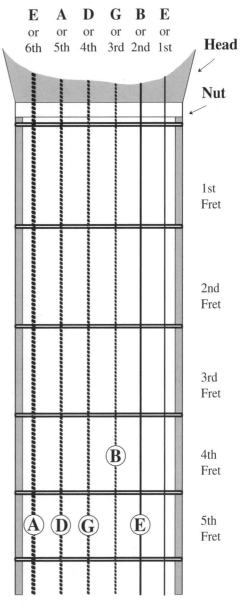

Reading Chord Boxes

Chord boxes are diagrams of the guitar neck viewed head upwards, face on as illustrated. The top horizontal line is the nut, unless a higher fret number is indicated, the others are the frets.

The vertical lines are the strings, starting from E (or 6th) on the left to E (or 1st) on the right.

The black dots indicate where to place your fingers.

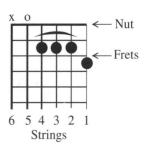

Strings marked with an O are played open, not fretted. Strings marked with an X should not be played.

The curved bracket indicates a 'barre' – hold down the strings under the bracket with your first finger, using your other fingers to fret the remaining notes.

The Boy In The Bubble

Words by Paul Simon
Music by Paul Simon & Forere Motloheloa

A   C   D   G

Intro

‖: A | A C D | A C D C | D C D :‖ *Play 4 times*

Verse 1

         A   C D
It was a slow day and the sun was beating

       A   C   D   C D   C
On the soldiers by the side of the road.

D   A
   There was a bright light,

            C D
A shattering of shop windows,

       A   C D
The bomb in the baby carriage

C   D   C   D
Was wired to the radio.

Chorus 1

G
   These are the days of miracle and wonder,   C D

G   C D C   D   C D
   This is the long dis - tance call.

G   C   D
   The way the camera follows us in slo-mo,

G   C   D   C D   C D
   The way we look to us   all.

G   C   D
   The way we look to a distant constel - lation

         G   C   D   C   D   C D
That's dying in a corner of the sky.

G   C   D
   These are the days of miracle and wonder

        G   C   D   C   D   C   D
And don't cry baby, don't cry, don't cry.

Link

‖: A | A C D | A C D C | D C D :‖

Verse 2

     A   C   D
It was a dry wind and it swept across the desert

      A   C   D   C D   C D
And it curled into the circle of birth.

      A   C   D
And the dead sand falling on the children,

     A   C   D
The mothers and the fathers

C   D C   D
And the automatic earth.

Chorus 2   As Chorus 1

Solo   ‖: A | A C D | A C D C | D C D :‖

Verse 3

      A   C   D
It's a turn-around jump shot, it's everybody jump start,

      A   C   D   C D   C   D
It's every generation throws a   hero up the pop charts.

A   C D
Medicine is magical and magical is   art,

         A   C D
Think of the   boy in the bubble

C   D   C   D
And the baby with the baboon heart.

Chorus 3

          G   C   D
And I believe these are the days of lasers in the jungle,

G   C   D   C   D   C D
Lasers in the jungle somewhere.

G   C D
  Staccato signals of constant information,

      G   C D   C   D
A loose affiliation of millionaires

C   D   C   D
  And billionaires and baby…

Chorus 4   As Chorus 1

Coda   ‖: G | G C D | G C D C | D C D C :‖ *Repeat to fade*

5

Diamonds On The Soles Of Her Shoes

Words & Music by Paul Simon
Beginning by Paul Simon & Joseph Shabalala

E   A   B   F   Bb   C

Intro

N.C.
| African vocals ||

Verse 1

(E)
She's a rich girl, she don't try to hide it:

Diamonds on the soles of her shoes.

He's a poor boy empty as a pocket,

Empty as a pocket with nothing to lose.

Chorus 1

         (A)   (B)
Sing ta na na, ta na na na,

                                    (E)
She got diamonds on the soles of her shoes.

    (A)   (B)
Ta na na, ta na na na

                                    (E)
She got diamonds on the soles of her shoes.

(A)   (E)
Diamonds on the soles of her shoes,

         (B)   (E)
She's got diamonds on the soles of her shoes,

(B)   (E)
Diamonds on the soles of her shoes,

(A)   (E)
Diamonds on the soles of her shoes.

Link 1

‖: F | Bb   C   :‖ *Play 5 times*

Verse 2

```
         F
      People say she's crazy,
         B♭              C
She got diamonds on the soles of her shoes.
F      B♭     C                     F
   Well that's one way to lose these walking blues,
B♭              C                   F    B♭ C
Diamonds on the soles of her shoes. ____
          F
She was physically forgotten
             B♭             C                    F
But then she slipped into my pocket with my car keys.
              B♭             C
She said, "You've taken me for granted
            F                   B♭   C  F      B♭  C
Because I please you wearing these di - - - amonds."
                  F       B♭  C  F
And I could say ooh _____
      B♭          C            F
As if everybody knows what I'm talking about,
         B♭
As if everybody here would know
      C            F
Exactly what I was talking about,
            B♭              C            F    B♭  C
Talking about diamonds on the soles of her shoes. ____
```

Link 2

‖: F   B♭ | C   :‖ *Play 4 times*

‖: F | B♭ C   :‖ *Play 4 times*

Verse 3

```
     F
      She makes the sign of a teaspoon,
B♭              C              F
He makes the sign of a wave.
         B♭              C                   F
The poor boy changes clothes and puts on after-shave
      B♭          C          F    B♭
To compensate for his ordinary shoes.
C                 F
   And she said, "Honey take me dancing",
            B♭       C       F
But they ended up by sleeping in a doorway
            B♭         C              F
By the bodegas and the lights on Upper Broadway
            B♭         C           F    B♭  C
Wearing diamonds on the soles of their shoes.
```

Chorus 2

                                     F   B♭ C F
And I could say ooh _____

            B♭   **C**
And everybody here would know

                  F
What I was talking about.

                    B♭
I mean, everybody here would know

       C   **F**
Exactly what I was talking about,

                    B♭ C F B♭ C
Talking about di - - - - - amonds.

Link 3

‖: **F**   **B♭** | **C**   :‖ *Play 4 times*

‖: **F** | **B♭**   **C** :‖ *Play 4 times*

Verse 4

                 F
People say I'm crazy,

             B♭   **C**
I got diamonds on the soles of my shoes, yeah.

F   **B♭**   **C**   **F**
  Well that's one way to lose these walking blues.

B♭   **C**
Diamonds on the soles of my (shoes.)

Coda

        F   **B♭**   **C**
{ Ta na na na na, ta na na na na
  shoes.

      F   **B♭**   **C**
‖: Ta na na na na, ta na na na na :‖ *Repeat to fade*

Duncan

Words & Music by
Paul Simon

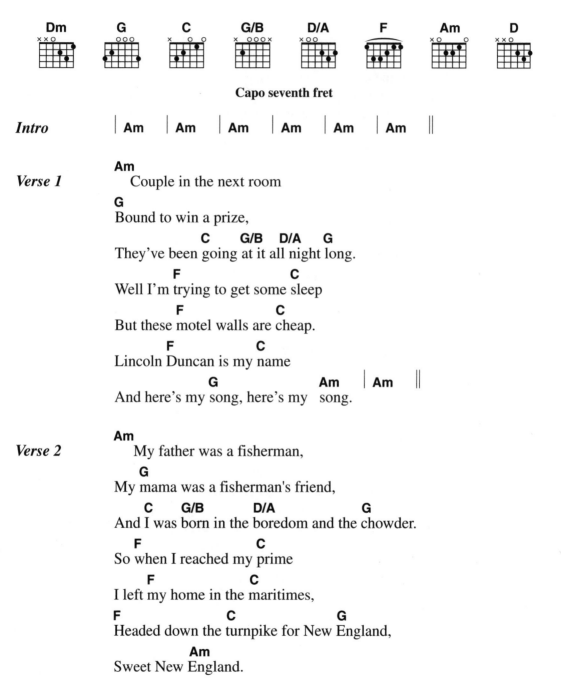

Capo seventh fret

Intro | Am | Am | Am | Am | Am | Am ||

Verse 1
Am
   Couple in the next room
G
Bound to win a prize,
        C   G/B D/A   G
They've been going at it all night long.
         F   C
Well I'm trying to get some sleep
         F   C
But these motel walls are cheap.
        F   C
Lincoln Duncan is my name
               G   Am | Am ||
And here's my song, here's my song.

Verse 2
Am
   My father was a fisherman,
     G
My mama was a fisherman's friend,
       C   G/B   D/A   G
And I was born in the boredom and the chowder.
      F   C
So when I reached my prime
      F   C
I left my home in the maritimes,
F   C   G
Headed down the turnpike for New England,
        Am
Sweet New England.

Link 1 | F | C | F | C |

| F | C G/B Am | G | Am | Am   ‖

Verse 3
Am
   Holes in my confidence,
G
Holes in the knees of my jeans.
    C   **G/B D/A**   **G**
I's left without a penny in my pocket
F   **C**
Oo-ooh-wee, I's about as
F   **C**
Destituted as a kid could be,
    F   **C**
And I wish I wore a ring
     G
So I could hock it,
    Am | **Am** ‖
I'd like to hock it.

Verse 4
Am
   A young girl in a parking lot
   G
Was preaching to a crowd,
    C   **G/B**   **D/A**   **G**
Singing sacred songs and reading from the Bible
    F   **C**
Well I told her I was lost,
    F   **C**
And she told me all about the Pentecost,
    F   **C**   **G** **Am**
And I seen that girl as the road to my survi - val.

Link 2 | F | C | F | C |

| F | C G/B Am | G | Am | Am   ‖

10

Verse 5

Am
    Just later on the very same night

       G
When I crept to her tent with a flashlight

        C   **G/B**   **D/A**   **G**
And my long years of innocence ended.

          F   **C**
Well she took me to the woods saying

F   **C**
"Here comes something and it feels so good!"

      F   **C**   **G**
And just like a dog I was befriended,

      Am | **Am** ||
I was befriended.

Verse 6

     Am
    Oh, oh, what a night,

G
Oh what a garden of delight,

      C **G/B**   **D/A**   **G**
Even now that sweet memory lingers.

      F   **C**
I was playing my guitar

      F   **C**
Lying underneath the stars

      F   **C**   **G**
 Just thanking the Lord for my fingers,

      Am
For my fingers.

Coda

‖: F | C | F | C |

| F | C G/B Am | G | Am :‖

| F | C | F | C |

| F | C G/B Am | G | Am |

Fade out

50 Ways To Leave Your Lover

Words & Music by
Paul Simon

Em/G   D6   Cmaj7   B7♭9   B7   Em

Gaug   Baug   Am7   G7   G   B♭6   C7

Intro | **Drums for 4 bars** ‖

Verse 1

Em/G   D6   Cmaj7   B7♭9 B7
"The problem is all inside your head", she said to me,

Em   B7   Gaug   Baug
"The answer is easy if you take it logically.

Em/G   D6   Cmaj7   B7♭9
I'd like to help you in your struggle to be free.

       B7   Em   Am7   Em
There must be   fifty ways to leave your lover."

Verse 2

Em/G   D6   Cmaj7   B7♭9 B7
She said, "It's really not my habit to intrude.

       Em   B7   Gaug   Baug
Furthermore, I hope my meaning won't be lost or misconstrued,

          Em   D6   Cmaj7   Baug
But I'll repeat myself   at the risk of being crude:

       B7   Em   Am7   Em
There must be   fifty ways to leave your lover,

   Am7   Em
Fifty ways to leave your lover."

Chorus 1

          G7
Just slip out the back, Jack,

        B♭6
Make a new plan, Stan,

           C7
You don't need to be coy, Roy,

        G
Just get yourself free.

G7
Hop on the bus, Gus,

B♭6
You don't need to discuss much.

C7
Just drop off the key, Lee,

G
And get yourself free.

G7
Just slip out the back, Jack,

B♭6
Make a new plan, Stan,

C7
You don't need to be coy, Roy,

G
Just listen to me.

G7
Hop on the bus, Gus,

B♭6
You don't need to discuss much.

C7
Just drop off the key, Lee,

G
And get yourself free.

Verse 3

Em/G   **D6**   **Cmaj7**   **B7♭9**   **B7**
She said, "It grieves me so to see you in such pain.

          Em   **B7**   **Gaug**   **Baug**
I wish there was something I could do to make you smile again."

     Em   **D6**   **Cmaj7**   **B7♭9**
I said, "I appreciate that   and would you please explain

    B7   **Em**   **Am7**   **Em**
About the fifty ways.

Verse 4

Em/G   **D6**   **Cmaj7**   **B7♭9**
She said, "Why don't we both just sleep on it tonight,

   B7   **Em**   **B7**   **Gaug**   **Baug**
And I believe in the morning you'll begin to see the light."

       Em   **D6**   **Cmaj7**   **Baug**
And then she kissed me, and I realised she probably was right:

    B7   **Em**   **Am7**   **Em**
There must be   fifty ways to leave your lover,

   Am7   **Em**
Fifty ways to leave your lover.

Chorus 2

$G7$
Just slip out the back, Jack,

$B\flat 6$
Make a new plan, Stan,

$C7$
You don't need to be coy, Roy,

G
Just get yourself free.

$G7$
Hop on the bus, Gus,

$B\flat 6$
You don't need to discuss much.

$C7$
Just drop off the key, Lee,

G
And get yourself free.

$G7$
Just slip out the back, Jack,

$B\flat 6$
Make a new plan, Stan,

$C7$
You don't need to be coy, Roy,

G
Just listen to me.

$G7$
Hop on the bus, Gus,

$B\flat 6$
You don't need to discuss much.

$C7$
Just drop off the key, Lee,

G
And get yourself free.

Coda   ‖: **Drums** :‖   *Repeat to fade*

14

Graceland

Words & Music by
Paul Simon

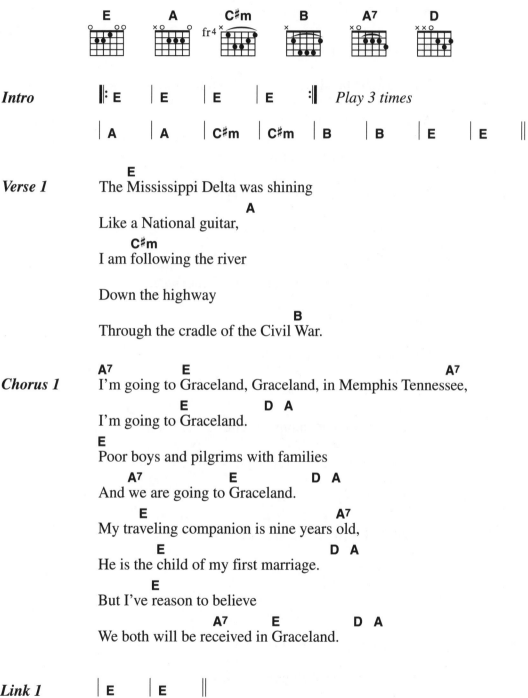

Intro

‖: E | E | E | E :‖ *Play 3 times*

| A | A | C#m | C#m | B | B | E | E ‖

Verse 1

　　　E
The Mississippi Delta was shining

　　　　　　　　A
Like a National guitar,

　　C#m
I am following the river

Down the highway

　　　　　　　　　　　B
Through the cradle of the Civil War.

Chorus 1

A7　　　　　E　　　　　　　　　　　　　　　　A7
I'm going to Graceland, Graceland, in Memphis Tennessee,

　　　　　　　　E　　　　D A
I'm going to Graceland.

E
Poor boys and pilgrims with families

　　　A7　　　　　　　　E　　　D A
And we are going to Graceland.

　　　　　E　　　　　　　A7
My traveling companion is nine years old,

　　　　　　E　　　　　　　　D A
He is the child of my first marriage.

　　　　　E
But I've reason to believe

　　　　　　A7　　E　　　　D A
We both will be received in Graceland.

Link 1

| E | E ‖

Verse 2

                        E
She comes back to tell me she's gone

    A
As if I didn't know that,

                         C#m
As if I didn't know my own   bed,

    B
As if I'd never noticed

                     E
The way she brushed her hair   from her forehead.

And she said losing love

                 A
Is like a window in your heart:

            C#m
Everybody sees you're   blown apart,

         B
Everybody sees the wind blow.

Chorus 2

A⁷   E   A⁷
I'm going to Graceland, Memphis Tennessee,

                 E   D A
I'm going to Graceland.

E
Poor boys and pilgrims with families

       A⁷   E   D A
And we are going to Graceland.

      E   A⁷
My traveling companions are ghosts and empty sockets,

                E   D A
I'm looking at ghosts and empties.

        E
But I've reason to believe

           A⁷   E   D A
We all will be received in Graceland.

Link 2 | E | E ||

Verse 3

               E
There is a girl in New York City

                                  A
Who calls herself the human trampoline

        C#m
And sometimes when I'm falling, flying

cont.   Or tumbling in turmoil I say

B
Oh, so this is what she means.

                                   E
She means we're bouncing into Graceland

And I see losing love

                   A
Is like a window in your heart:

                 C♯m
Everybody sees you're blown apart,

         B
Everybody feels the wind blow.

A⁷   **E**
Chorus 3   In Graceland, in Graceland,

A⁷   **E**   **D A**
I'm going to Graceland.

             E
For reasons I cannot explain

                      A⁷   **E**   **D**
There's some part of me wants to see Graceland

    A   **E**   **A⁷**
And I may be obliged to defend every love, every ending

            E   **D**
Or maybe there's no obligations now

A   **E**
   Maybe I've a reason to believe

           A⁷   **E**   **D A**
We all will be received in Graceland.

Instrumental | **E** | **E** | **E** | **E** | **A** | **A** |

                 | **C♯m** | **C♯m** | **B** | **B** ‖

               E
Coda   In Graceland, in Graceland, in Graceland,

A⁷   **E**   **D A**
I'm going to Graceland.

‖: **E** | **E** **A⁷** | **E** | **E** **D** **A** :‖ *Repeat to fade*

Kodachrome®

Words & Music by
Paul Simon

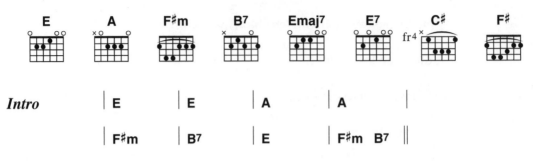

Intro

| E | E | A | A | |
| F#m | B7 | E | F#m B7 ||

Verse 1

                   E
When I think back

      Emaj7   E   A
On all the crap I learned in high school

F#m   B7   E   F#m
   It's a wonder I can think at all.

B7   E   Emaj E7
And though my lack of edu - cation

                 A
Hasn't hurt me none,

F#m   B7   E
   I can read the writing on the wall.

Chorus 1

             A C#m F#
Kodachro - - me.

                 Bm   E
They give us those nice bright colours,

                A   D
They give us the greens of summers,

                 B7   E   E7   A C#   F#
Makes you think all the world's a sunny day, oh   yeah.

           Bm E   A   D
I got a Nikon camera, I love to take a photograph,

                 B7   E   E7
So mama don't take my Kodachrome a-(way.)

Link 1

| A | C#m | F#m | B7 | ||
-way.

Verse 2

```
             E      Emaj7  E
If you took all the girls   I knew
                      A
When I was single
F♯m                          B7              E     F♯m
   And brought them all together for one night,
B7              E      Emaj
I know they'd never match
        E7              A
My sweet imagination,
F♯m                          B7                E     E7
   And everything looks worse in black and white.
```

Chorus 2

```
          A   C♯m  F♯
Kodachro - -  me.
                  Bm        E
They give us those nice bright colours,
                     A       D
They give us the greens of summers,
                  B7    E      E7    A   C♯  F♯
Makes you think all the world's a sunny day, oh yeah
          Bm    E                    A     D
I got a Nikon camera, I love to take a photograph,
                  B7    E      E7
So mama don't take my Kodachrome a-(way).
```

Link 2

```
│ A           │ C♯m      │ F♯m         ║
-way.
```

Coda

```
     F♯m            A      C♯m        F♯m
║:    Mama don't take my Kodachrome away.   :║ Play 3 times
A                                    C♯m
Mama don't take my Kodachrome, Mama don't take my Kodachrome,
F♯m
Mama don't take my Kodachrome away.
```

Double time feel

```
     A
Mama don't take my Kodachrome
        C♯m
Believe your boy's so far from home.
F♯m
Mama don't take my Kodachrome away.
A
Mama don't take my Kodachrome,
C♯m          F♯m
Oooh-oooh, mama don't take my Kodachrome away.
```

```
║: A         │ C♯m      │ F♯m      │ F♯m        :║ Repeat to fade
```

Have A Good Time

Words & Music by
Paul Simon

Intro
| B♭ | E♭ | B♭ | F ‖

Verse 1

    B♭   E♭
Yesterday it was my birthday,

    B♭   F
I hung one more year on the line.

    B♭
I should be depressed,

    E♭   Edim
My life's a mess,

       B♭/F   F
But I'm having a good time.

Verse 2

            B♭   E♭
Oooh, I've been loving and loving and loving,

      B♭   F
I'm exhausted from loving so   well.

    B♭
I should go to bed

    E♭   Edim
But a voice in my head

    B♭/F F
Says, "Ah, what the hell."

Chorus 1

                   B♭   E♭
{ Have a good time,
          (Good time baby,)
                  B♭   F
{ Have a good time,
          (Good time child,)
                  B♭   E♭
{ Have a good time,
        (Have a good time baby,)
                  B♭   F
{ Have a good time.
         (Have a good time.)

Verse 3

      B♭   E♭
Paranoia strikes deep in the heartland
      B♭   F
But I think it's all overdone,
      B♭
Exaggerating this,
      E♭   Edim
Exaggerating that
B♭/F   F
They don't have no fun.

Verse 4

          B♭   E♭
I don't believe what I read in the papers:
        B♭   F
They're just out to capture my dime.
B♭
  I ain't worrying
      E♭   Edim
And I ain't scurrying,
      B♭/F   F
I'm having a good time.

Chorus 2

          B♭
Have a good time,
E♭   B♭
  Have a good time,
F   B♭
  Have a good time,
E♭   B♭   F
  Have a good time.

Verse 5

          B♭   **E♭**
Maybe I'm laughing my way to disaster,

B♭   **F**
Maybe my race has been run,

B♭
Maybe I'm blind

       E♭   **Edim**
To the fate of mankind,

   B♭/F   **F**
But what can be done?

Verse 6

       B♭   **E♭**
So God bless the goods we was given

       B♭   **F**
And God bless the U. S. of A.

       B♭   **E♭**
And God bless our standard of living,

Edim   **B♭/F**   **F**
  Let's keep it that way

And we'll all have a good time.

Chorus 3

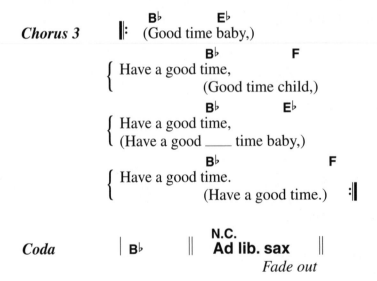

Coda | **B♭** || **N.C.**
                                 Ad lib. sax ||
                                     Fade out

Late In The Evening

Words & Music by
Paul Simon

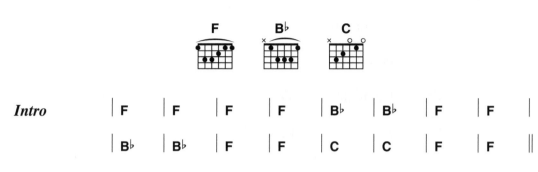

F   B♭   C

Intro | F | F | F | F | B♭ | B♭ | F | F |

| B♭ | B♭ | F | F | C | C | F | F ||

Verse 1

B♭
The first thing I remember

I was lying in my bed,

I couldn't have been no more
       F
Than one or two.
       B♭
And I remember there's a radio

Coming from the room next door

And my mother laughed
         F
The way some ladies do
      C
When it's late in the evening
            F
And the music's seeping through.

Verse 2

B♭
The next thing I remember

I am walking down the street:

I'm feeling all right,
               F
I'm with my boys, I'm with my troops, yeah.

cont.

        Bb
And down along the avenue

Some guys were shooting pool

And I heard the sound
        F
Of acapella groups, yeah,
      C
Singing late in the evening
        F
And all the girls out on the stoops, yeah.

Verse 3
      Bb
Then I learned to play some lead guitar.

I was underage in this funky bar
             F
And I stepped outside to smoke myself a "J",
  Bb
And when I came back to the room

Everybody just seemed to move
           F
And I turned my amp up loud and I began to play,
      C
And it was late in the evening
       F
And I blew that room   away.

Link | Bb | Bb | F | F | Bb | Bb |

          | F | F | C | C | F | F ||

Verse 4
      Bb
The first thing I remember

When you came into my life:

I said, I'm gonna get that girl
       F
No matter what I do.

cont.

      B♭
Well I guess I'd been in love before,

And once or twice I been on the floor,

But I never loved no-one
        F
The way that I loved you.
      C
And it was late in the evening
         F
And all the music seeping through.

Coda

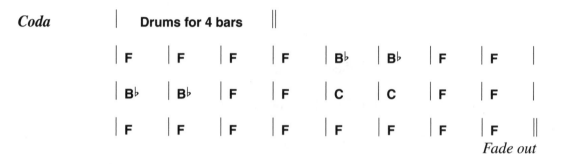

| Drums for 4 bars |

F	F	F	F	B♭	B♭	F	F
B♭	B♭	F	F	C	C	F	F
F	F	F	F	F	F	F	F

Fade out

Me And Julio Down By The Schoolyard

Words & Music by
Paul Simon

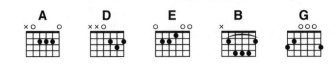

Intro

‖: **A D A E** :‖ *Play 7 times*

Verse 1

    A
The mama pyjama rolled out of bed,

        D
And she ran to the police station.

      E
When the papa found out, he began to shout,

         A
And he started the investigation.

       E   **A**
It's against the law, it was against the law,

       E   **A**
What the mama saw, it was against the law.

Verse 2

The mama looked down and spit on the ground

       D
Every time my name gets mentioned.

E
Papa said, "Oy, if I get that boy

             A
I'm gonna stick him in the house of detention."

Chorus 1

              D   A
Well I'm on my way, I don't know where I'm goin'.

          D   A   B   E
I'm on my way, I'm takin' my time but I don't know where.

          D   G   A
Goodbye to Rosie, the queen of Corona.

        A   G   D   E   A   D A E
See you me and Julio down by the schoolyard.

        A   G   D   E   A   D A E
See you me and Julio down by the schoolyard.

Instr.

| D | A | D | A B E |

| D G | A | : A G D E | A D A E : | E ||

Verse 3

     A
In a couple of days they're come and take me away,

                D
But the press let the story leak.

        E
And when the radical priest come to get me released

             A
We was all on the cover of *Newsweek.*

Chorus 2

              D   A
And I'm on my way, I don't know where I'm goin'.

          D   A   B   E
I'm on my way, I'm takin' my time, but I don't know where.

          D   G   A
Goodbye to Rosie, the queen of Corona.

        A   G   D   E   A   D A E
See you me and Julio down by the schoolyard.

        A   G   D   E   A   D A E
See you me and Julio down by the schoolyard.

        A   G   D   E   A   D A E
See you me and Julio down by the schoolyard.

Coda

    : A D A E :   *Repeat to fade*

Loves Me Like A Rock

Words & Music by
Paul Simon

D   G/D   G   A7   Bm   C   D7   G7

Capo fifth fret

Intro | D G/D | G G/D | D G/D | D ||

Verse 1

```
       N.C.                         D              G/D   D
     When I was a little boy  (when I was just a boy)

     And the Devil would call my name  (when I was just a boy)
                    G
     I'd say "Now who do,
                              D                     G/D   D
     Who do you think you're fooling?" (when I was just a boy)
                                      G/D    D
     I'm a consecrated boy, (when I was just a boy)
                      G
     I'm a singer in a Sunday choir.
                      D          A7
     Oh, my mama loves, she loves me,
            D                    Bm
     She get down on her knees and hug me.
```

Chorus 1

```
               G            D     G/D  D
     Oh she loves me like a rock,
      G                    C        G
        She rocks me like the rock of ages
            D     G/D  D  G/D
     And loves me,
      D      G/D      D        G/D      D         G/D  D  G/D  D
        She love me, love me, love me, love me.
```

Verse 2

      N.C.   D   G/D D

When I was grown to be a man (grown to be a man)

And the Devil would call my name (grown to be a man)
       G
I'd say "Now who do,
                        D   G/D D

Who do you think you're fooling?" (grown to be a man)
                                 G/D D

I'm a consummated man, (grown to be a man)
                 G

I can snatch a little purity.
         D   A7

My mama loves me, she loves me,
     D   Bm

She get down on her knees and hug me.

Chorus 2

            G   D   G/D D

Oh she loves me like a rock,
 G   C   G

She rocks me like the rock of ages
      D   G/D   D G/D

And loves me,
 D   G/D   D   G/D   D   G/D D G/D D

She love me, love me, love me, love me.

Verse 3

            G/D D   G/D D   G/D D

And if I   was President, (was the President)
                                      G/D D

The minute Congress call my name (was the President)
          G

I'd say now "Who do,
                         D

Who do you think you're fooling? (Who do you think you're fooling)
                              G/D D

I've got the Presidential Seal, (was the President)
                      G

I'm up on the Presidential Podium.
        D   A7

My mama loves me, she loves me,
     D   Bm

She get down on her knees and hug me.

      G   D   G/D D
Oh she loves me like a rock,

  G   C   G
She rocks me like the rock of ages

       D   G/D D G/D
And loves me,

    D   G/D   D   G/D   D
‖:   She love me, love me, love me, love me.

 G/D   D G/D D
(Loves   me like a rock.) :‖   *Play 4 times*

 D⁷   G
La la la la la la,

                    C   G
(Loves me like the rock of ages.)

   D
‖:   Loves me like a rock,

Loves me like a rock,

G⁷   C   G⁷
Loves me like the rock of ages. :‖   *Play 3 times*

   D   C G
‖:   Loves me like a rock,

D   C G
Loves me like a rock,

               C   G⁷
Loves me like the rock of ages. :‖   *Repeat to fade*

The Obvious Child

Words & Music by
Paul Simon

Capo first fret

Intro | Drums ‖

Verse 1

N.C.   G
Well, I'm accustomed to a smooth ride

D   G   D   G
Or maybe I'm a dog who's lost its bite.

            D   G   C   F   C
I don't expect to be treated like a fool no more,

            G   D   G
I don't expect to sleep through the night.

            D   C   G   D   G
Some people say a lie's a lie's a lie

            G C   F   C
But I say why, why deny the obvious child?

                    F   C   G
Why deny the obvious child?

Verse 2

                    D   C   G   D   C
And in remembering a road sign

G   D   C   G   D C G   C F C
  I am remembering a girl when I   was young _____

            G   D   G
And we said, "These songs are true

            D   C   G
These days are ours,

            D   G   C   G
These tears are free." Hey!

C   F   C
The cross is in the ballpark,

                    F   C   G
The cross is in the ballpark.

Verse 3

    G   D C
We had a lot of fun, we had a lot of money,

    G   D C
We had a little son and we thought we'd call him Sonny.

C   D   G
Sonny gets married and moves away,

C   D   G
Sonny's got a baby and bills to pay;

C   D   G   C   D
Sonny gets sunnier day by day, by day by day.

G   N.C.
  Doh, doh, doh, doh.

G   N.C.
Doh, doh, doh, doh.

Verse 4

                    D   C   G
Well, I've been waking up at sunrise,

               D   C   G   D   G
I've been following the light across my room,

  D   G C   F   C G   D
I watch the night receive the room of my day.

G   D   C   G   D   G
  Some people say the sky is just the sky

     D G C   F   C
But I say why deny the obvious child?

            F   C   G
Why deny the obvious child?

C   G C   G C G C G
Mm, __ mm. __

Verse 5

C   G C G D   C
Sonny sits by his window and thinks to himself

         G   C G   D   C
How it's strange that some rooms are like cages.

         G   C G   D   C
Sonny's yearbook from high school is down from the shelf

D   G C G D   C
And he id - ly __ thumbs through the pages:

      G/B Am   G   C
Some have died, some have fled from themselves,

G   C   G/B Am G   C   D
Or   struggled from here to get there.

C   G C G   D   C
Sonny wanders be - yond his interior walls,

         G   C   G D   C
Runs his hand through his thinning brown hair.

Verse 6

                  G
Well, I'm accustomed to a smooth ride

     D   **G**   **D**   **G**
Or maybe I'm a dog who's lost its bite.

           D   **G**   **C**   **F**   **C**
I don't expect to be treated like a fool no more,

        G   **D**   **G**
I don't expect to sleep all night.

       D   **C** **G**   **D**   **G**
Some people say a lie's is just a lie

    D G **C**   **F**   **C**
But I   say   the cross is in the ballpark,

               F   **C**
Why deny the obvious   child?

Coda | **Drum interlude w/guitar interjecting G chord** ‖

    ‖: **G** | **G** **D C** | **G** | **G** **D C** |

    | **C** | **C** | **D** | **D C** :‖ *Repeat to fade*

Mother And Child Reunion

Words & Music by
Paul Simon

A   F#m   D   E   Bm

Intro   ‖: A | A | F#m | F#m   :‖

Chorus 1
        D   E   A
No, I would not give you false hope
        D   E   A
On this strange and mournful day
        D   E   A F#m
But the mother and child reun - ion
   Bm   A   E
Is only a motion away.

Verse 1
          F#m
Oh, little darling of mine.
        E
I can't for the life of me
        F#m
Remember a sadder day.
        E
I know they say let it be
          F#m
But it just don't work out that way,
         D
And the course of a lifetime runs
        E
Over and over again.

Chorus 2
        D   E   A
No, I would not give you false hope
        D   E   A
On this strange and mournful day
        D   E   A F#m
But the mother and child reun - ion
   Bm   A   E
Is only a motion away.

Verse 3

F♯m
Oh, little darling of mine,

E
I just can't believe it's so,

F♯m
And though it seems   strange to say

E
I never been laid so low

F♯m
In such a mysterious way,

D
And the course of a lifetime runs

E
Over and over again.

Chorus 3

D   E   A
But I would not give you false hope

D   E   A
On this strange and mournful day

D   E   A   F♯m
When the mother and child reun - ion

Bm   A   E
Is only a motion away.

‖:   D   E   A
    Oh, oh the mother and child reunion

D   E   A
Is only a motion away

D   E   A   F♯m
Oh the mother and child reun - ion

Bm   A   E
Is only a moment away. :‖ *Repeat to fade*

35

Slip Slidin' Away

Words & Music by
Paul Simon

Capo first fret

Intro ‖: G | G | Em | Em :‖

Chorus 1
          G   **Em**
Slip slidin' away, slip slidin' away
         G   **D**
You know the nearer your destination
 C   **D**   **G**
The more you're slip slidin' away.

Verse 1
          Em   **G**
I know a man, he came from my home town.
       C   **D**   **C**   **C7**
He wore his passion for his woman like a thorny crown.
      G   **Em**
He said, "Delores, ___ I live in fear
      G   **D**
My love for you's so overpowering
 C   **D**   **G**
I'm afraid that I __ will disappear.

Chorus 2
          G   **Em**
Slip slidin' away, slip slidin' away
         G   **D**
You know the nearer your destination
 C   **D**   **C/G** **G**
The more you're slip slidin' away.____

Verse 2

          Em   G
I know a woman became a wife,

            C   D   C   C7
These are the very words she uses to describe her life:

          G   Em
She said, "A good day ain't got no rain,"

          G   D
She said, "A bad day's when I lie in bed

      C   D   G
And think of things   that might have been."

Chorus 3

          G   Em
Slip slidin' away, slip slidin' away

           G   D
You know the nearer your destination

        C   D   C/G G
The more you're slip slidin' away. ____

Link 1 | F   C7 | G ||

Verse 3

          Em D   G
And I know a fa - ther who had a son,

            C   D   C   C7
He longed to tell him all the reasons for the things he'd done.

          G   Em
He came a long way just to explain,

          G   D
He kissed his boy as he lay sleeping,

      C   D   G
Then he turned around and headed home again.

Chorus 4

          G   Em
He's slip slidin', slip slidin' away

           G   D
You know the nearer your destination

        C   D   C/G G
The more you're slip slidin' away. ____

Link 2 | F   C7 | G | F   C7 | G ||

Verse 4

           Em   **G**
God only knows, God makes his plan.

         C   **D**   **C**   **C7**
The information's unavailable to the mortal man.

              G   **Em**
We work in our jobs, collect our pay,

           G   **D**
Believe we're gliding down the highway

        C   **D**   **G**
When in fact we're slip slidin' away.

Chorus 5

              G   **Em**
‖: Slip slidin' away, slip slidin' away,

            G   **D**
You know the nearer your destination

     C   **D**   **C/G** **G**
The more you're slip slidin' away.   :‖

      Em
Mmmm. _____

Coda

‖: **G** | **G** | **Em** | **Em** :‖   *Play 4 times with*
                                         vocal ad lib.

| **G** | **G** | **Em** | ‖

Something So Right

Words & Music by
Paul Simon

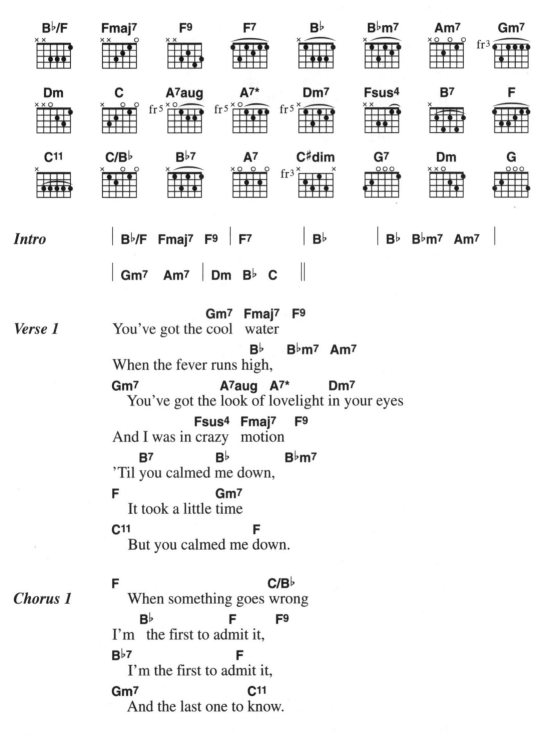

Intro

| B♭/F Fmaj7 F9 | F7 | B♭ | B♭ B♭m7 Am7 |

| Gm7 Am7 | Dm B♭ C ||

Verse 1

                Gm7 Fmaj7 F9
You've got the cool water

                B♭   B♭m7 Am7
When the fever runs high,

Gm7   **A7aug A7***   **Dm7**
  You've got the look of lovelight in your eyes

       Fsus4 Fmaj7 F9
And I was in crazy motion

    B7   **B♭**   **B♭m7**
'Til you calmed me down,

F   **Gm7**
  It took a little time

C11   **F**
  But you calmed me down.

Chorus 1

    F   **C/B♭**
  When something goes wrong

   B♭   **F**   **F9**
I'm the first to admit it,

B♭7   **F**
  I'm the first to admit it,

Gm7   **C11**
  And the last one to know.

cont.

    F   C/B♭
When something goes right

                        F   A7
Oh it's likely to lose me, hmm,

B♭7   F9
  It's apt to confuse me,

     Gm7   C#dim Dm
It's such an unusual   sight,

    A7 B♭   F   G7
Oh, I can't, I can't get used to something so right

C11
  Something so (right.)

Link 1 | B♭   F | B♭   F | Gm7 Am7 | Dm   C ||
            right.

Verse 2

                 Gm7   Fmaj7 F9
They've got a wall in China,

                       B♭ B♭m7 Am7
It's a thousand miles long,

Gm7   A7aug A7*   Dm7
  To keep out the foreign - ers they made it strong.

B♭   Fsus4 Fmaj7   F9
  And I've got a wall   around me

        B7   B♭   B♭m7
That you can't even see.

F   Gm7
  It took a little time

C11   F
  To get next to me.

Chorus 2

F   C/B♭
When something goes wrong

  B♭   F   F9
I'm the first to admit it,

B♭7   F
  I'm the first to admit it,

Gm7   C11
  And the last one to know.

F   C/B♭
  When something goes right

                    F   A7
Well it's likely to lose me, hmm,

B♭7   F9
  It's apt to confuse me,

     Gm7   C#dim Dm
It's such an unusual sight,

40

cont.

    A⁷ B♭   F   G⁷
Oh, I swear I can't get used to something so right

C¹¹
    Something so (right.)

Link 2

| F   Gm⁷ | Am⁷ A⁷aug A⁷* ‖
  right.

Bridge

Dm   A⁷
Some people never say the words "I love you,"
                  F9   B♭   A⁷aug A⁷*
It's not their style to be so bold.
Dm   A⁷
Some people never say those words "I love you"
          Dm   G   C¹¹
But like a child they're longing to be told, hmm.

Chorus 3

                        F   C/B♭
When something goes wrong
B♭   F   F9
  I'm the first to admit it,
B♭⁷   F
  I'm the first to admit it
Gm⁷   C¹¹
  And the last one to know.
F   C/B♭
  When something goes right
         C¹¹   F   A⁷
Well it's likely to lose me, hmm.
B♭⁷   F9
  It's apt to confuse me
         Gm⁷   C♯dim Dm
Because it's such an unusual   sight.
  A⁷   B♭   Fmaj⁷ G⁷   Gm⁷
I swear, I can't, I can't get used to something so right,
C¹¹
  Something so (right.)

Coda

| F | Gm⁷ | Am⁷ | B♭ | F G⁷ | C¹¹ |
  right.

‖: F | Gm⁷ | Am⁷ | B♭ | F G⁷ | C¹¹   :‖

Repeat to fade

41

Still Crazy After All These Years

Words & Music by
Paul Simon

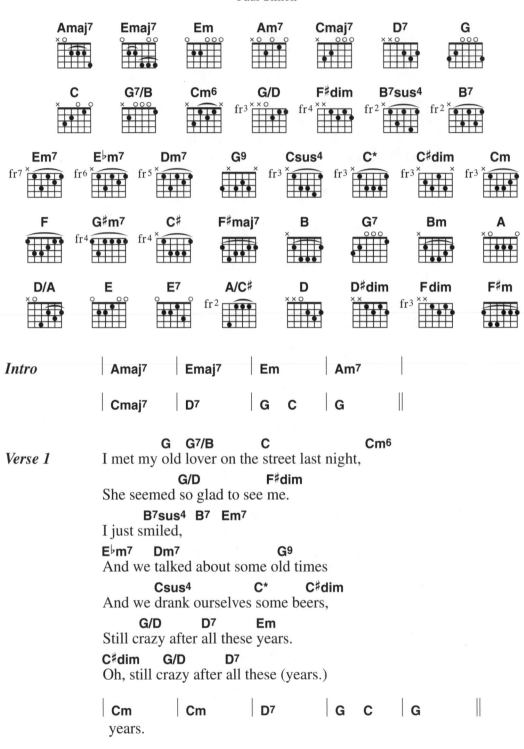

Intro | Amaj7 | Emaj7 | Em | Am7 |

| Cmaj7 | D7 | G   C | G   ‖

Verse 1

          G G7/B   C   Cm6
I met my old lover on the street last night,

          G/D   F#dim
She seemed so glad to see me.

        B7sus4 B7 Em7
I just smiled,

E♭m7 Dm7   G9
And we talked about some old times

         Csus4   C*   C#dim
And we drank ourselves some beers,

        G/D   D7   Em
Still crazy after all these years.

C#dim   G/D   D7
Oh, still crazy after all these (years.)

  | Cm | Cm | D7 | G C | G   ‖
years.

Verse 2

C   G   G7/B   C
I'm not the kind of man who tends to socialise,

F   G   F#dim   B7sus4 B7 Em7
I seem to lean on old familiar ways,

E♭m7   Dm7   G9
And I ain't no fool for love songs

        Csus4 C* C#dim
That whisper in my ears.

       G/D   D7   Em
Still crazy after all these years,

C#dim   G/D   D7   G9
Oh, still crazy after all these years.

Bridge

Amaj7   Emaj7   Em
Four in the morning: crapped out, yawning,

G#m7   C# F#maj7
Longing my life away.

Em   B   C* B   C*   G G7
I'll never wor - ry , why should I?

C*   Bm
It's all gonna fade.

Link

| C | Bm | C | Bm | C | Bm |

‖: Am7 | Am7 | Am7 | Am7 :‖

Sax solo

‖: A | A | D/A | D/A :‖

| A | A | D | G/D D | A | A | D |

Verse 3

C G   C   F
      Now I sit by my window and I watch the cars.

     G   F#dim   B7sus4 B7 Em
I fear I'll do some damage one fine day.

E7   A   A/C#   D   D#dim
But I would not be convicted by a jury of my peers.

      A   E   Fdim F#m
Still crazy after all   these years.

D#dim   A
Oh, still crazy,

     D   G/D D
Still crazy,

      A   E   E7   A   D/A A
Still crazy after all these years.

Take Me To The Mardi Gras

Words & Music by
Paul Simon

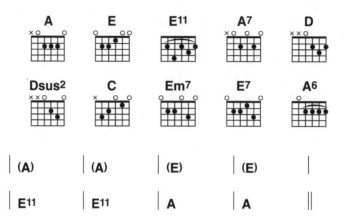

Intro | (A) | (A) | (E) | (E) |

| E11 | E11 | A | A ||

Chorus 1

N.C.   A
C'mon take me to the Mardi Gras

                        E
Where the people sing and play,

        E11
Where the dancing is elite

And there's music in the street
           A
Both night and day.

N.C.   A
Hurry take me to the Mardi Gras

              E
In the city of my dreams.

       E11
You can legalize your lows,

You can wear your summer clothes
         A   A7
In the New Orleans.

Verse 1

                                      D
And I will lay my burden   down,

                              Dsus2
Rest my head upon that   shore.

                                  C
And when I wear that starry   crown

                      Em7   **E7**
I won't be wanting anymore.

Chorus 2

     N.C.   **A**
Take your burdens to the Mardi Gras,

                       E
Let the music wash your soul.

        E11
You can mingle in the street,

                                 A
You can jingle to the beat of the jelly roll.

Tumba, tumba, tumba, Mardi Gras

                        E
Tumba, tumba, tumba, day

        E11   **A**
Yeah. _____

Coda

A	A	E7	E7	
E11	E11	A6	A6	‖
‖: A6	A6	E7	E7	
E11	E11	A6	A6	:‖ *Repeat to fade*

You Can Call Me Al

Words & Music by
Paul Simon

F   C   Gm7

Intro   ‖: F C | Gm7 C | F C | Gm7 C :‖

Verse 1

F
    A man walks down the street,
     Gm7   C
He says, "Why am I soft in the middle now,
F
    Why am I soft in the middle?
   Gm7   C   F
The   rest of my life is so hard.
                        Gm7   C
I need a photo-opportunity,   I want a shot at redemption;
F   Gm7   C
    Don't want to end up a cartoon, in a cartoon graveyard:
F
Bonedigger, bonedigger.
Gm7   C   F   Gm7 C
Dogs in the moonlight, far away my well-lit door.
        F   Gm7   C
Mister Beerbelly, Beerbelly get these mutts away from me,
F   Gm7   C
    I don't find this stuff amusing anymore."

Chorus 1

F   C
If you'll be my bodyguard
Gm7   C   F   C Gm7 C
I can be your long lost pal.
F   C
I can call you Betty
     Gm7   C
And Betty when you call me
              F   C Gm7 C
You can call me Al.

Verse 2

F
A man walks down the street,
                Gm7   C
He says, "Why am I short of attention?
          F   Gm7   C   F
Got a   short little span of attention and   oh my nights are so long.

Where's my wife and family?
Gm7   C   F
    What if I die here? Who'll be my role-model
Gm7   C   F
    Now that my role-model is gone, gone."
      Gm7   C
He ducked back down the alley
              F   Gm7   C
With some   roly-poly little bat-faced girl.
          F   Gm7   C
All along, along there were incidents and accidents,
                F   Gm7 C
There were   hints and allegations.

Chorus 2

F   C
If you'll be my bodyguard
Gm7   C   F   C Gm7 C
I can be your long lost pal.
F   C
I can call you Betty
        Gm7   C
And Betty when you call me
            F   C Gm7 C   F
You can call me Al,   call me Al.

Instrumental ‖: F | Gm7   C | F | Gm7   C :‖ *Play 4 times*

‖: F   C | Gm7   C | F   C | Gm7   C :‖

            F   Gm7   C
Verse 3   A man walks down the street: It's a street in a strange world.
            F   Gm7   C   F
    Maybe it's the Third World,   maybe it's his first time around,
                                    Gm7   C
Doesn't speak the language, he   holds no currency,
F
    He is a foreign man.

47

cont.

Gm7   C   F
He is surrounded by the sound, the sound
    Gm7   C
Of cattle in the marketplace,
F   Gm7
Scatterlings and orphanages.
C   F
He looks around, around,
     Gm7   C
He sees angels in the architecture
F
Spinning in infinity,
     Gm7   C
He says, "Amen! and Halleluiah!"

Chorus 3

F   C
If you'll be my bodyguard
Gm7   C   F   C Gm7 C
I can be your long lost pal.
F   C
I can call you Betty
     Gm7   C
And Betty when you call me
       F   C   Gm7 C
You can call me Al.

Coda

    F   Gm7 C
‖:   Na na na na,   na na na na,
F   Gm7   C
  Na na na na, na na, na na na na. :‖
F   Gm7 C F   Gm7 C
Hm, hm,   hm, hm,
F   Gm7 C F
Hm, hm,   hm, hm.
| N.C.
| **Bass break** |

‖: F   C | Gm7 C | F   C | Gm7   C :‖
   F   C
‖: If you'll be my bodyguard

| Gm7 C | F   C | Gm7   C |
F   C
I can call you Betty.

| Gm7 C | F   C | Gm7   C :‖   *Repeat to fade*